AF254006

HISTOIRE

CANTIQUE ET ORAISON

DU

GRAND SAINT ÉLOI

CHAUNY

CHEZ L'AUTEUR, RUE DE LA CHAUSSÉE, 74

1866

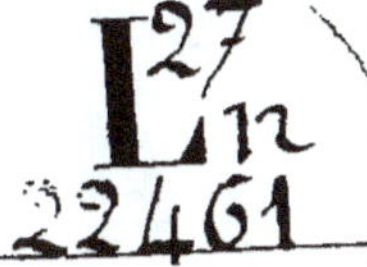

HISTOIRE

CANTIQUE ET ORAISON

DU

GRAND SAINT ÉLOI

CHAUNY

CHEZ L'AUTEUR, RUE DE LA CHAUSSÉE, 74

1866

Afin de ne pas grossir outre mesure le *Paroissien de Saint Eloi et de Saint Georges* de M. l'abbé JULES CARON, curé d'Autreville, et de n'y laisser que ce peut porter les fidèles à la piété, nous en avons extrait la *Lecture en famille.* Nous espérons que cette nouvelle brochure n'aura pas moins de bonheur et de réussite que sa petite sœur : *Histoire, cantiques et oraison du grand martyr Saint Georges.*

L'Éditeur.

Chauny (Aisne), le 14 Mai, Fête de l'Ordination de Saint Éloi, év. de Noyon.

Chauny. — Imp. Bugnicourt, rue de la chaussée, 28.

VIE

DE SAINT ÉLOI

——————

Parmi les fêtes patronales qui ont conservé dans les pays religieux les plus profondes racines, il faut certainement compter en première ligne la Saint-Éloi.

En ce jour, une foule de corporations chôment religieusement en l'honneur de ce grand saint, et, après avoir été l'honorer à l'Eglise, terminent la journée par une réunion de famille.

La naissance de Saint Éloi au pays de Chatelac, près de Limoges, fut comme celle des Bernard et des Dominique, annoncée par un évènement miraculeux qui lui fit donner le nom d'Éloi, c'est-à-dire *élu*.

Il entra, jeune encore, chez le maréchal ferrant de son village et s'établit ensuite à Limoges. On sait que le roi Clotaire l'ayant chargé de faire un fauteuil précieux et lui ayant remis la matière voulue, Eloi en fit deux au lieu d'un. La haute dignité de monétaire du royaume fut la récompense de son talent et de sa probité. Trésorier et conseiller de Dagobert, il devint plus tard évêque de Noyon et mérita. par son zèle pour la pureté du dogme catholique et la propagation de la foi et de la civilisation, d'être appelé *la lumière du septième siècle.*

Saint Eloi est le patron des orfévres, des forgerons, des serruriers et des cultivateurs. Ces hommes laborieux n'ont pas cessé de trouver en lui un protecteur et un modèle ; car si tous ne peuvent pas, comme saint Eloi, conseiller les princes, racheter les captifs, évangéliser les infidèles, tous peuvent. comme lui, servir Dieu par la prière, et leur pays par le travail ; tous peuvent honorer leur atelier en y portant la probité, la sobriété, la charité qui respecte les maîtres, unit les compagnons, protége les apprentis ; tous peuvent aider les pauvres. sinon de leurs deniers, au moins d'un bon office ou d'une bonne parole. Tous, enfin, ne peuvent pas être grands, mais tous peuvent devenir saints.

PENSÉES

(EXT. DES AUTEURS CLASSIQUES)

Nous marchons tous courbés sous le poids de nos maux,
Aidons-nous donc l'un l'autre à porter nos travaux
Et des peines la charge en sera plus légère :
Heureux ou malheureux l'homme a besoin d'un frère,
Il ne vit qu'à moitié s'il ne vit que pour lui,
Tel que la faible vigne il réclame un appui.

Dans nos livres sacrés, dans nos saintes prières,
De la main du Très-Haut nous le voyons écrit :
     Que tous les pauvres sont nos frères,
Car ils sont, comme nous, enfants de Jésus-Christ.

La fortune ici-bas n'est pour nous qu'une épreuve,
Qui possède beaucoup doit donner beaucoup d'or,
Et qui possède peu devra donner encor.
C'est le cœur qui fait tout : le denier de la veuve
     Sera compté comme un trésor.

Tel est des livres saints l'enseignement suprême :
Que Jésus suit le pauvre, et marche sur ses pas,
Qu'un refus est là-haut puni comme un blasphème,
Qu'un cri de faim maudit tous ceux qu'il n'émeut pas,
Et qu'en donnant au pauvre, on prête à Dieu lui-même.

Donnons, mais sans éclat, et même avec mystère :
Là-haut veille sur nous un témoin précieux.
Donnons... ce qu'on répand d'aumônes sur la terre,
     S'amasse en trésor dans les cieux.

Envers nos ennemis, montrons de la clémence ;
Les grands cœurs que le ciel a pourvus de ce don
Trouvent en se mettant au-dessus de l'offense,
     Plus de gloire dans le pardon
     Que de plaisir dans la vengeance.

PRATIQUES

I. Le meilleur moyen de nous sanctifier, c'est d'accomplir chrétiennement les devoirs de notre état. Toutes nos actions deviennent alors autant de prières ; ainsi se forma Saint Éloi à la vertu : imitons-le.

II. Imitons-le encore dans sa charité envers le prochain ; tenons à honneur de faire partie des pieuses associations ouvrières et de la *Propagation de la Foi*.

III. Imitons-le surtout dans son amour pour l'Eglise Romaine *mère et maîtresse de toutes les autres Églises;* les contemporains de Saint Eloi ne l'appelaient que *le Romain.* Nous tous aussi, enfants de Saint Eloi, méritons par notre attachement inviolable à la religion catholique et au chef visible de l'Eglise, Notre Saint-Père le Pape, de porter, comme notre Saint Patron ce titre de *Romain,* c'est-à-dire fidèle, laborieux, dévoué.

Oraison à Saint Eloi.

O Dieu qui avez suscité dans votre église le bienheureux Éloi, le père des pauvres et le zélateur ardent de la gloire des Saints, faites, nous vous en supplions, qu'imitant sa charité, nous méritions de recevoir avec lui la récompense éternelle. Par N. S. J.-C. Amen.

———

CANTIQUE DE SAINT ÉLOI

Vois à tes pieds la Confrérie
Qui t'aime tant, grand saint Eloi,
Ah ! fais qu'elle se sanctifie
Et gagne le ciel comme toi.

Tous heureux dans ton sanctuaire
Nous revenons célébrer tes bienfaits
Crois-en nos cœurs, Éloi, notre bon père,
Nous ne t'oublîrons jamais,
Non, non *(bis)*, jamais ! *(ter.)*

Cent fois planant sur notre tête,
La foudre a menacé nos jours ;
Quand gronde la noire tempête
Ton bras en détourne le cours.
Tous heureux, etc.

Du ciel ton regard tutélaire
Sur nous repose avec douceur ;
L'encens de notre humble prière
Du ciel attire la faveur.
Tous heureux, etc.

L'enfer en vain frémit de rage
Et contre nous lance ses traits,
Éloi soutient notre courage ;
Nous ne succomberons jamais.
Tous heureux, etc.

Grand Saint, notre douce espérance,
Nous t'en prions, guide nos pas,
Ta main conduisit notre enfance...
Ah! donne-nous un saint trépas !
Tous heureux, etc.

LECTURE EN FAMILLE

---

*
* *

La fête de saint Eloi, si populaire dans les siècles passés, ne l'est pas moins de nos jours.

La solennité s'ouvre d'ordinaire par la présentation du bouquet traditionnel du Patron et se ferme en beaucoup d'endroits par une cavalcade analogue à celle qui a lieu à Rome pendant l'octave de la Saint-Antoine. Après les divins offices, le défilé commence devant le portail de l'Église, et en présence du clergé. Là viennent tour à tour les brillants équipages et les modestes véhicules de travail, les rapides coursiers, comme les vétérans de l'Agriculture. Chacun des fidèles serviteurs reçoit et la bénédiction du pasteur et le pain bénit qui leur a été préparé.

*
* *

Le plus vieux portrait de saint Eloi que l'on possède existe à Paris ; il est représenté debout, en chape, la mitre en tête, tenant d'une main la crosse épiscopale, et bénissant de l'autre le fourneau allumé de sa forge. Une enclume est devant le fourneau, et sur l'enclume, un compas et un marteau : hommage pieux rendu à la noblesse des arts utiles.

On le voit encore, vêtu en méréchal ferrant, la main droite armée d'un marteau et brisant son enseigne ; voici la légende qui a inspiré les artistes :

Eloi, par ses talents et son activité, était devenu le maréchal le plus en renom de la contrée. De toutes parts on venait à lui. Une si grande prospérité l'exposait à une terrible tentation d'orgueil... Il y succomba... et dans son délire il mit sur son enseigne cette inscription prétentieuse : *Eloi, maître sur maître et maître sur tous.*

Or, en ces jours, il se présenta chez lui un jeune et beau voyageur : qui déposa son léger bagage dans la boutique, et s'adressant au patron, lui dit :

Maître, partout j'ai entendu parler de ta science; de sorte que, pensant qu'il n'y avait que toi qui pouvais me montrer quelque chose de nouveau...

— Ah! ah! fit Eloi, en jetant un regard rapide sur lui et en continuant de battre son fer.

— Veux-tu de moi pour ouvrier? reprit humblement l'étranger. Je viens t'offrir mes services.

— Et que sais-tu? dit Éloi, lâchant négligemment le fer auquel il venait de donner le dernier coup de marteau.

— Mais, je sais forger et ferrer aussi bien, je crois, que qui que ce soit au monde.

— Sans exception ?

— Sans exception.

Éloi se mit à rire.

— Que dis-tu de ce fer ? reprit Éloi en lui montrant complaisamment celui qu'il venait d'achever.

— Je dis que ce n'est pas mal ; mais je crois qu'on peut faire mieux.

Éloi se mordit les lèvres.

— Et en combien de chaudes ferais-tu un fer comme celui-là ?

— En une chaude, dit l'étranger.

Éloi se mit à rire : il lui en fallait trois à lui, et cinq ou six aux autres.

— Et veux-tu me montrer comment tu t'y prends? dit-il d'un air goguenard.

— Volontiers, maître, répondit l'étranger en ramassant tranquillement la pince, et en prenant auprès de l'enclume un lingot de fer brut qu'il mit dans la forge.

Le feu, étouffé d'abord sous le charbon, s'élança en petits jets bleus ; des millions d'étincelles pétillèrent ; bientôt la flamme rougissante embrasa l'aliment qui lui était offert : de temps en temps l'habile compagnon arrosait le foyer, qui, momentanément noirci, reprenait presque aussitôt une nouvelle force et une teinte plus vive ; enfin, la braise sembla une matière fondue. Au bout d'un instant, cette lave pâlit ; toute la partie combustible du charbon était dévorée;

l'artisan tira du brasier son fer presque blanc, le posa sur l'enclume, et le tournant d'une main, tandis qu'il le frappait et le façonnait de l'autre, en quelques coups de marteau il lui donna une forme et un fini dont celui d'Eloi était loin d'approcher. La chose avait été si vivement faite, que le pauvre maître sur maître n'y avait vu que du feu.

Eloi prit le fer, dans l'espoir d'y découvrir quelques pailles ; mais rien n'y manquait, aussi quoique l'intention mauvaise y fût, il ne put trouver prise à en dire le moindre mal.

— Oui, oui, dit-il en le tournant et retournant, oui, pas mal... allons, pour un simple ouvrier, pas mal. Mais, continua-t-il, espérant le prendre en défaut ce n'est pas tout que de savoir confectionner un fer, il faut encore savoir l'appliquer au pied de l'animal. Tu m'as dit que tu savais ferrer, je crois ?

— Oui maître.

— Mettez le cheval au travail ! cria Eloi à ses garçons.

— Oh ! ce n'est pas la peine, j'ai une manière à moi qui épargne beaucoup de peine, et abrège beaucoup de temps.

— Et quelle est ta manière ? dit Éloi étonné.

— Vous allez voir, répondit l'étranger.

A ces mots, il tira un couteau de sa poche, alla au cheval, leva une de ses jambes de derrière, lui coupa le pied gauche à la première jointure, mit le pied dans l'étau, y cloua le fer avec la plus grande facilité, reporta le pied ferré, le rapprocha de la jambe, où il reprit aussitôt, coupa le pied droit, répéta la même cérémonie avec le même succès, continua ainsi pour les deux autres, et cela sans que l'animal parût s'en inquiéter le moins du monde.

Quant à Éloi, il regardait l'opération s'accomplir dans la stupéfaction la plus profonde.

— Voilà! maître, dit l'ouvrier en recollant le quatrième pied.

— Je vois bien, dit le maître, faisant tous ses efforts pour cacher son étonnement.

— Ne connaissez-vous point cette manière ?

— Si fait, si fait, reprit vivement Éloi, mais j'ai toujours préféré l'autre.

— Vous avez tort, celle-ci est plus commode et plus expéditive,

Éloi, comme on le pense bien, n'eut garde de renvoyer un si habile compagnon ; d'ailleurs il craignait s'il ne traitait pas avec lui, qu'il ne s'établît dans les environs, et il ne se dissimulait pas que c'était un concurrent redoutable : il fit donc ses conditions, qui furent acceptées, et l'étranger fut installé dans la boutique, comme premier garçon.

Le lendemain matin, Éloi l'envoya faire une tournée dans les villages environnants ; il s'agissait de quelques commissions qui avaient besoin d'être remplies par un messager intelligent. Le premier garçon partit.

Il était à peine disparu au tournant de la grande rue, qu'Éloi se prit à songer sérieusement à cette nouvelle manière de ferrer les chevaux qu'il ne connaissait pas. Il avait suivi l'opération avec le plus grand soin ; il avait remarqué à quelle jointure l'amputation avait été faite ; il ne manquait pas, comme nous l'avons dit, d'une grande confiance en lui-même, il résolut de profiter de la première occasion qui s'offrirait, de mettre à profit la leçon qu'il avait prise.

Elle ne tarda pas à se présenter : au bout d'une heure, un brillant cavalier s'arrêta à la porte d'Éloi ; son cheval s'était déferré d'un pied de derrière à un quart de lieue de la ville, et, attiré par la réputation du maître, il avait piqué droit chez lui ; il venait d'Espagne et retournait en Angleterre, où il avait, à propos de l'Écosse, de grandes affaires à régler avec saint Dunstan ; il attacha son cheval à un des anneaux de fer de la boutique, en recommandant à Éloi de se hâter.

Éloi pensa que, puisque la pratique était pressée, c'était le moment de mettre à exécution la manière expéditive dont il avait vu faire la veille un essai qui avait si bien réussi. Il prit son couteau le mieux affilé lui donna un dernier coup sur sa pierre à rasoir, leva la jambe du cheval, et, prenant le joint avec une grande justesse, il lui coupa le pied au-dessus du sabot.

L'opération avait été si habilement faite, que le

pauvre animal, qui ne se doutait de rien, n'avait pas eu le temps de s'y opposer, et ne s'était aperçu de l'amputation que par la douleur même qu'elle lui avait causée : mais alors il poussa un hennissement si plaintif et si douloureux, que son maître voyant, sa monture pouvant à peine se tenir debout sur les trois pieds qui lui restaient, et secouant sa quatrième jambe, d'où s'échappaient des flots de sang, se précipita dans la boutique, et trouva Eloi qui ferrait tranquillement le quatrième pied dans son étau ; il crut que le maître était devenu fou. Eloi le rassura, lui disant que c'était une nouvelle manière qu'il avait adoptée, lui montra le fer parfaitement adhérent au sabot, et, sortant de sa boutique, se mit en devoir d'aller recoller le pied au moignon de la jambe, comme il l'avait vu faire la veille à son compagnon.

Mais il en advint cette fois tout autrement : le pauvre animal qui, depuis dix minutes, perdait tout son sang, était couché sans force et tout près de mourir ; Eloi rapprocha le pied de la jambe ; mais entre ses mains rien ne reprit, le pied était déjà mort, et le reste du corps ne valait guère mieux.

Une sueur froide couvrit le front du maître : il se crût bien perdu... mais il était guéri de son orgueil... Sur ces entrefaites arriva son premier garçon. Témoin de l'accident, l'excellent compagnon calma aussitôt ses terreurs : il ramassa le pied et le rapprocha de la jambe et le sang cessa de couler, et le pied reprit et le cheval se releva et hennit de bien être ; de sorte que, moins la terre rougie, on eût juré qu'il n'était rien arrivé au pauvre animal tout à l'heure si malade, et maintenant si vif et si bien portant.

Eloi le regarda un instant, confus et stupéfait, étendit le bras, prit dans sa boutique un marteau, et, brisant son enseigne, il alla à son sauveur et lui dit humblement.

— C'est toi qui es le *maitre*, et c'est moi qui suis le *serviteur*.

— Heureux celui qui s'humilie, répondit le modeste étranger, d'une voix douce, car il sera élevé !

A cette voix si pure et si harmonieuse, Eloi reconnut Notre-Seigneur et tomba à ses genoux.

— C'est bien, je te pardonne, dit le Christ, car je te crois guéri de ton orgueil ; reste *maitre sur maitre*; mais souviens-toi que c'est moi seul qui suis *maitre sur tous*

A ces mots, il disparut.

Le cavalier était saint Georges.

POUR PARAITRE A LA TRANSLATION DE SAINT ÉLOI

LE 25 JUIN

PAROISSIEN POPULAIRE

DE

S. ÉLOI ET DE S. GEORGES

EXT. DE LA PRÉFACE.

Notre petite collection de *Paroissiens populaires* est destinée à remplacer au sein des familles chrétiennes les livrets sans nom qu'une odieuse propagande répand en beaucoup d'endroits. On ne trouvera point dans nos petits livres des pratiques d'un autre âge, des offices non approuvés... Nous avons recueilli tout ce qui peut édifier, instruire et intéresser les fidèles ; le présent paroissien, le premier de la collection, en sera la preuve. Il est consacré à Saint Éloi et à Saint Georges, deux saints en grande vénération dans nos contrées. Le premier porte la foi et la civilisation chez les peuplades barbares du Nord ; le second donne à ses concitoyens dégénérés, l'exemple d'un courage héroïque. Éloi, évêque de Noyon, fut la lumière des rois et des peuples d'Occident ; Georges, illustre guerrier, la gloire de l'Orient. Nous n'avons pas voulu séparer ces deux noms que de pieuses traditions populaires unissent constamment.

Grands Saints, bénissez les travaux que nous avons entrepris en votre honneur, et que les chrétiens viennent plus nombreux et plus fidèles encore à votre sanctuaire.

Va, va! circule au loin, enfant de ma pensée,
A Dieu mène les cœurs, tout mon désir est là ;
Ajoute, s'il se peut, durant la traversée,
Quelques amis de plus à ceux que j'ai déjà.

JUL. CARON, curé d'Autreville

OPUSCULES DE M. JULES CARON, D^{re} ROM.

CURÉ D'AUTREVILLE

HISTOIRE, CANTIQUES ET ORAISON

DU GRAND MARTYR

SAINT GEORGES

SOUS PRESSE

MANUEL

DE LA DÉVOTION AUX AGNUS DEI

QUATRIÈME ÉDITION

EXT. DE LA PRÉFACE. — Descends mon petit Agnus, descends sans crainte dans le monde, on t'a si bien reçu partout. L'on a salué ta naissance avec enthousiasme, l'on a applaudi à tes premières audaces, que redoutes-tu encore, maintenant surtout que tu es orné de nouvelles grâces, enrichi de nouveaux trésors de science et de piété?

Oui, c'est avec confiance, bien chers lecteurs, que nous vous offrons cette nouvelle édition. Vous l'accueillerez avec bienveillance, car elle répond à vos désirs. Notre NOTICE, notre ÉTUDE SUR L'ORIGINE, L'USAGE ET L'HISTOIRE DES AGNUS, vous ont fait connaître les Agnus Dei. Notre MANUEL vous les fera aimer et vous conduira jusqu'au trône du divin Agneau.

Les dernières éditions portent l'approbation suivante de la Cour Romaine :

Reimprimatur - Fr. Hier. Gigli O.P.S.P.A. Mag.

Reimprimatur P. de Villanova Castellacci Arch. Petrae Vicesg.

Imp. Bugnicourt à Chauny.